云南交通职业技术学院
利用德国促进贷款改善办学条件建设项目
系列实训指导书编委会

主　任：李云霞

副主任：晏　杉　赵庆樱　陈　静

编　委：赵秀华　武春平　陈云江　王艳苹　李　婷
　　　　刘录松　张艳芳　王钱静　姜　丹

船舶轮机设备运行管理实训指导书

主　编　马　彬　何江华

副主编　杨　超　杨图南　陈　静

参　编　解　聪　王　晔　马艳秋　欧阳宏佶
　　　　魏　青　刘宗平　蒋政泽

图书在版编目（CIP）数据

船舶轮机设备运行管理实训指导书 / 马彬, 何江华主编. —— 昆明：云南人民出版社, 2020.2（2021.11 重印）
ISBN 978-7-222-18755-9

Ⅰ.①船… Ⅱ.①马… ②何… Ⅲ.①船舶-轮机管理 Ⅳ.① U676.4

中国版本图书馆 CIP 数据核字 (2019) 第 263583 号

出 品 人：赵石定
组稿统筹：冯　琰
责任编辑：冯　琰
责任校对：胡元青
装帧设计：李　洁
责任印制：马文杰

船舶轮机设备运行管理实训指导书
CHUANBO LUNJI SHEBEI YUNXING GUANLI SHIXUN ZHIDAOSHU

主　编：马　彬　何江华
副主编：杨　超　杨图南　陈　静
参　编：解　聪　王　晔　马艳秋　欧阳宏估
　　　　魏　青　刘宗平　蒋政泽

出版	云南出版集团　云南人民出版社
发行	云南人民出版社
社址	昆明市环城西路 609 号
邮编	650034
网址	www.ynpph.com.cn
E-mail	ynrms@sina.com
开本	787mm×1092mm　1/16
印张	4
字数	65 千
版次	2020 年 2 月第 1 版 2021 年 11 月第 2 次印刷
印刷	昆明瑆煌印务有限公司
书号	ISBN 978-7-222-18755-9
定价	28.00 元

云南人民出版社微信公众号

如需购买图书、反馈意见，请与我社联系
总编室：0871-64109126　发行部：0871-64108507　审校部：0871-64164626　印制部：0871-64191534

版权所有　侵权必究　印装差错　负责调换

前　言

云南水运历史悠久，金沙江、红河自古以来就是云南人民商贸往来、人员往来的重要交通运输通道。先后开通了中老缅泰澜沧江—湄公河国际航运，相继建设了水富港、大理港、景洪港、思茅港等主要港口，目前已基本形成了以澜沧江—湄公河、金沙江—长江为主的外贸运输和出省长途运输，以大理洱海为代表的库湖区旅游客运，以渡口运输为补充的水路交通运输格局。

云南省目前正加快构建"北进长江，东入珠江，连接长三角、珠三角；南下湄公河、红河，西进伊洛瓦底江，沟通太平洋、印度洋"的"两出省、三出境"水运大通道。随着"一带一路"建设，以及长江经济带、与周边国家互联互通等国家战略的实施，云南水运建设正迎来前所未有的发展机遇。

编者在深入调研云南水运现状和船舶轮机专业规范及船员适任考试大纲的基础上，结合学生专业学习需求，遵循专业技术技能认知规律，综合采用归纳和演绎的方法，旨在编写适用于云南高职院校船舶轮机专业学生及船员适任考试培训的实训指导书。

本书旨在结合职业教育的特点，采用项目化的教学方式进行实训指导。以船舶轮机设备运行管理工作内容为导向，逐一剖析所需理论知识和实操技能，包括"冷船（瘫船）起动"、"船舶电网"、"动力系统"、"船舶系统"等内容。本书编者为船舶轮机专业教师，具有丰富的教学和研究经验，具有相应的船员适任证书，并多次到大型船舶上顶岗实习。

由于编写经验和时间有限，不当之处，敬请批评指正。

实训基本信息

学 生 姓 名：_____

专　　　业：_____

学　　　号：_____

班　　　级：_____

校内指导教师：_____

校外指导教师：_____

实 训 时 间：_____

实 训 地 点：_____

实 训 成 绩：_____

实训纪律

1. 学员在实训教师指导下，按照实训计划认真完成实训任务。

2. 严格遵守学校和实训单位规章制度，遵守纪律，严格考勤，不得无故缺席。

3. 严格遵守实训单位安全规程、操作规程、劳动纪律、保密制度等规定，现场实训前必须完成安全教育，未受教育者不得进入实训现场。

4. 实训期间服从实训单位的统一安排，尊敬老师，听从指挥，爱护公物，爱护实训使用的设施、设备，与实训内容无关的设施、设备不要乱动，团结友爱，讲文明、懂礼貌，虚心向师傅学习。

5. 实训期间集中统一出发，学员不得私自离开实训地点，不听劝阻的按违反纪律处理。

6. 实训期间学员不得擅自离开，如有特殊原因不能按时到达或不能参加实训，必须向带队指导老师请假，待指导老师批准后才能离岗，事后必须销假。

7. 对违反纪律的，实训成绩按不及格处理；严重违反纪律的按学校有关纪律管理规定处理。

8. 实训期间要严肃认真，禁止喧哗打闹；在实训中，要主动动手，认真操作，从实训中寻找经验、教训。

9. 认真、严谨地完成实训报告，不弄虚作假，不抄袭。

目　　录

第一部分　冷船（瘫船）起动 ·· 1
　　实训任务一：冷船（瘫船）起动流程 ·· 1
　　实训任务二：机舱布置 ·· 4

第二部分　船舶电网 ··· 7
　　实训任务一：船舶电网组成 ··· 7
　　实训任务二：船舶电站管理 ··· 11

第三部分　动力系统 ··· 16
　　实训任务一：空气系统准备及运行管理 ·· 16
　　实训任务二：燃油系统准备及运行管理 ·· 21
　　实训任务三：冷却系统准备及运行管理 ·· 25
　　实训任务四：滑油系统准备及运行管理 ·· 30

第四部分　船舶系统 ··· 33
　　实训任务一：压载水系统使用及运行管理 ·· 33
　　实训任务二：生活污水系统使用及运行管理 ·· 37
　　实训任务三：日用水系统使用及运行管理 ·· 40

第五部分　航行中机舱值班 ·· 44
　　实训任务一：机舱设备运行参数 ·· 44
　　实训任务二：运行中的应急处理 ·· 46

第六部分　实训总结 ··· 48
　　实训工作总结 ·· 48
　　实训成绩评定 ·· 51

第一部分 冷船（瘫船）起动

实训任务一：冷船（瘫船）起动流程

《SOLAS 公约》81 修正案首次提出了冷船（瘫船）启动的要求。81 修正案第 26 条"通则"第 4 条提出："应提供措施以保证在没有外来帮助情况下使机器从瘫船状态运转起来。"81 修正案第 41 条"主电源和照明系统"第 1.4 条提出："此外，发电机组应保证任一发电机或其初级电源失效，其余发电机组仍能向主推进装置自瘫船状态启动所必需的设备供电。如应急电源单独或与任何其他电源组合的功率足以同时向第 42 条之 2.1 至 2.3 或第 43 条之 2.1 至 2.4 所需的设备供电，则此应急电源可用作自瘫船状态启动的目的。"并对应急发电机的启动装置提出了具体要求。

《SOLAS 公约》96 修正案对瘫船启动时间首次提出了要求："1998 年 7 月 1 日或以后建造的船舶，如果应急电源对恢复推进是必要的，为恢复推进所必须的电源，其功率应能在全船失电后 30 分钟内，使其连同其他机械一起从瘫船状态恢复船舶的推进。"

【实训目的】

通过完成瘫船起动流程实训，要求学生建立起船舶机舱整体情景概念，熟悉船舶轮机几大核心系统在整个船舶轮机运行中的逻辑联系，掌握瘫船起动的方法、涉及设备的功能。

【实训方法】

本实训主要按照该实训任务和指导教师的要求，完成实训内容。在实训过程中，学生在教师指导下完成分组。利用轮机模拟器单机版软件，调阅各大核心系统，通过小组讨论，发现它们之间的逻辑联系，完成实训任务。

【考核方式】

上机操作、机舱现场调研

根据指导教师的讲解,通过使用轮机模拟器单机版软件及《SOLAS公约》相关修正案的查阅,请解决以下问题:

1. 分析下列瘫船启动流程图的逻辑联系,并补全图中空白框。

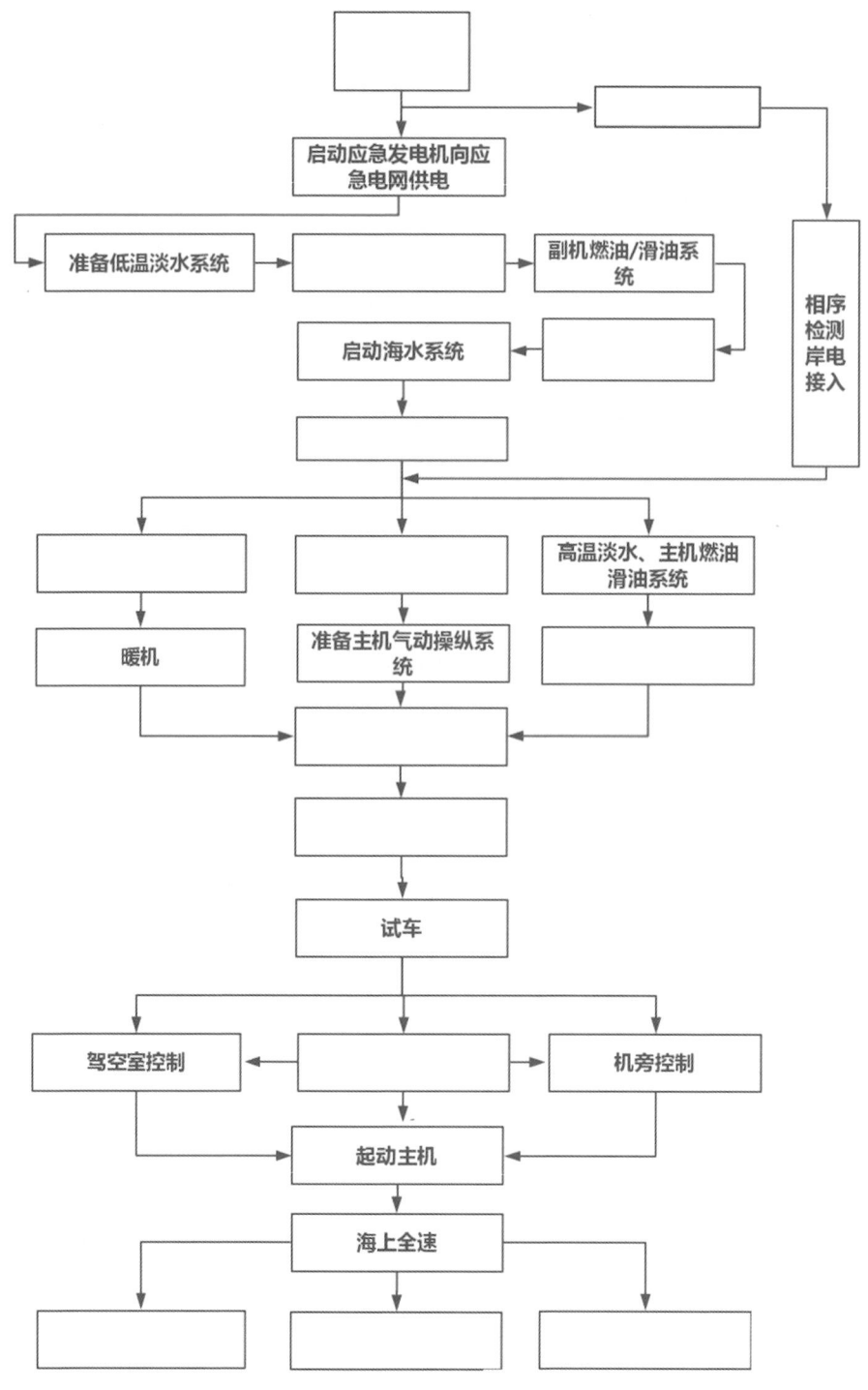

2. 现代商船通常具备哪两种应急电源？请说出它们可以通过哪几种方式来恢复船舶供电？

3. 通过我校实习船的见习后，总结在瘫船启动中的实际差异。

实训任务二：机舱布置

专门用来放置动力装置和机械设备的船舱称为机舱。机舱规划与设备布置，就是要在机舱中合理地解决、安排主机、辅机及有关机械设备的相互位置关系。怎样才能把机械设备在机舱中布置得合理；如何使机舱占用更小的容积；如何根据船舶设计的要求选定机舱的位置；如何布置机械设备使得轮机人员便于管、用、养、修等。

随着世界航运业的发展，面对激烈的市场竞争，船舶营运经济性的要求越来越高。对于现代船舶来说，一般都具有较高的航速，并在船体主尺度不变的情况下，尽可能增加装货量，进一步提高船舶的经济性。由此而采取的必然措施是船体线型优化、货舱区以外部分所占空间尽量缩小。对本船机舱布置来说直接面对的问题就是艉部线型瘦小，机舱有效长度缩短。因此如何在有限的空间里合理布置动力设备同样成了提高船舶经济性的关键问题。

【实训目的】

通过完成机舱布置实训，要求学生在具备基本机舱情景概念的基础上，理解船舶机舱规划与设备布置的特点，并熟悉各设备所处位置以及它们之间的位置关系。

【实训方法】

本实训主要按照该实训任务和指导教师的要求，完成实训内容。在实训过程中，学生在教师指导下完成分组。利用轮机模拟器3D仿真虚拟软件，进入机舱中不同位置，通过小组讨论，发现各机舱的结构特点和设备的位置关系，完成实训任务。

【考核方式】

上机操作，绘制机舱设备布置平面图，实船机舱现场调研

根据指导教师的讲解，通过使用轮机模拟器单机版软件以及实训船机舱，请解决以下问题：

1. 下图为机舱某层实物图，图中有哪些装置？该层有哪些设备？在设备布置上有何特点？

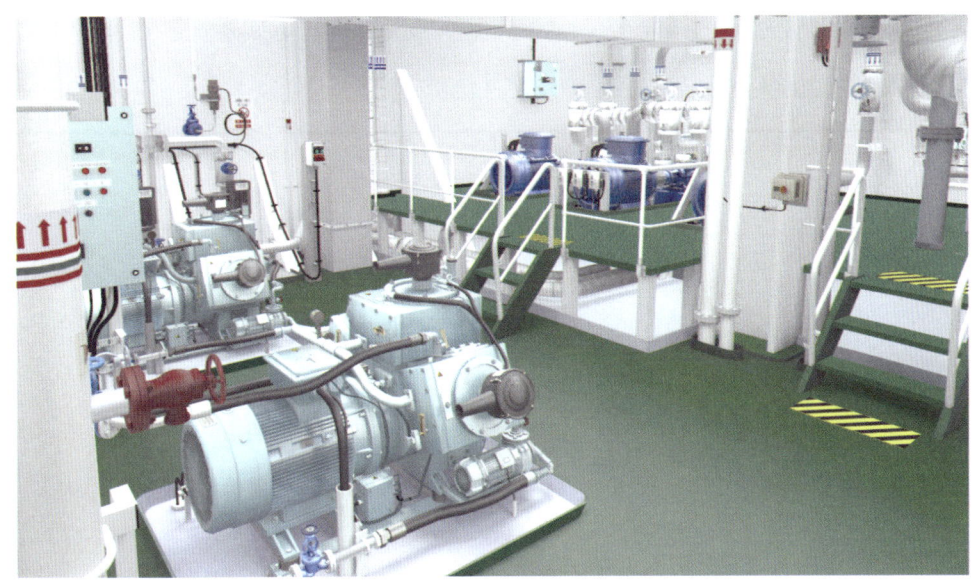

2. 通过对实训船机舱的调研后，请绘制我校实训船机舱舱底层设备布置图，标注出各设备名称，并说出各设备位置关系和布置特点。

机舱舱底层设备布置图

主　机

设备位置关系和布置特点：_____
_____
_____
_____
_____
_____
_____
_____

第二部分　船舶电网

实训任务一：船舶电网组成

船舶电力网是船舶电力系统的一个组成部分。电能从主配电板及应急、停泊配电板，通过电缆的传输，经过中间的分配电装置，包括区配电板、分配电箱等，送往船舶上各种电气装置，形成的电力网络即为船舶电力网。

对船舶电力网的基本要求是生命力强，即要求电网在发生故障或局部破损等情况下，仍能保证对负载的连续供电，并限制故障的发展和将故障的影响限于最小范围之内。

船舶上各性质相近的用电设备都由相应的单独电网供电，可分为：

（1）船舶电力网，由总配电板直接供电，供给各种船舶辅机的电动拖动。

（2）照明电网，提供船舶内外照明。

（3）弱电装置电网，包括电传令钟、舵角指示器、电话设备、火警信号及警铃等。

（4）应急电网，包括应急照明、应急动力（如舵机电源）、助航设备电源等。

（5）其他装置电网，如充电设备、手提行灯等。

【实训目的】

通过完成船舶电网组成实训，掌握船舶电网的组成单元，理解船舶电网各单元的逻辑关系，建立船舶电网概念。

【实训方法】

本实训主要按照该实训任务和指导教师的要求，完成实训内容。在实训过程中，学生在教师指导下完成分组。利用轮机模拟器单机版系统图和3D仿真虚拟软件，调用不同的电网单元分析各单元逻辑联系，在模拟器中按要求进行操作。

【考核方式】

上机操作；实船机舱现场调研

根据指导教师的讲解，通过使用轮机模拟器单机版软件以及实训船机舱，请解决以下问题：

1. 通过下图的识读，当全船失电、自动控制失效的情况下，作为一名合格的轮机员应执行怎样的操作？请回答以下问题。

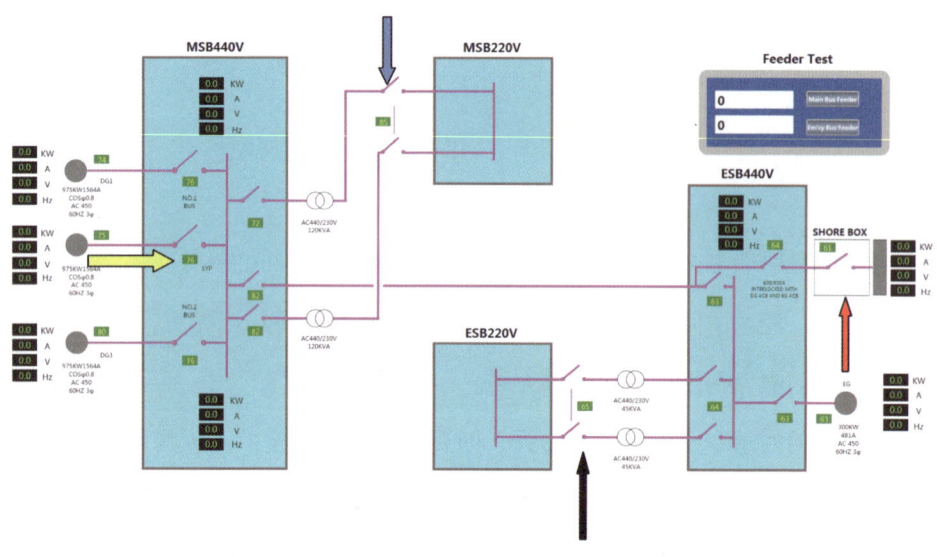

请写出执行正确操作前需满足的逻辑条件：

_____
_____
_____
_____
_____
_____

图中四种颜色箭头所指处分别为什么？它们之间有何种逻辑联系？

_____
_____
_____
_____
_____

请对应上图写出恢复全船供电的详细操作步骤：_____

_____

_____

_____

_____

_____

2. 下图所示状态为什么？分析出可能导致此种状态的原因，遇到此种情况你将如何处理？

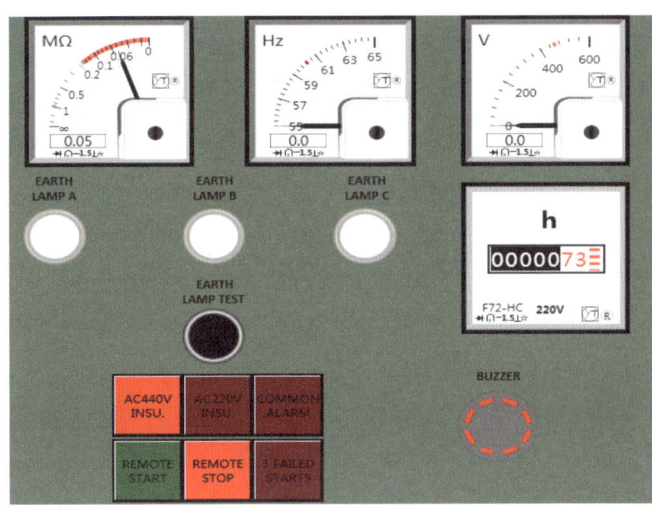

_____

_____

_____

_____

_____

_____

3. 通过我校实船现场考察，完成下列问题。

应急发电机的启动方式有几种？分别为：_____

航行设备及应急设备可由哪几种方式进行供电？_____

实训任务二：船舶电站管理

船舶电站，是指船舶上将机械能转换成电能并对其进行监视、控制、测量、分配和保护的装置，由船舶电源、船舶电力网络、配电系统设备和电力系统保护设备等组成。按电源可分为主电源（主发电机组）、应急电源（应急发电机组、蓄电池组、弱电电源）、辅助电源（辅助发电机组）和岸电箱。配电网络可分为主电网、应急电网、照明电网和弱电电网。配电和保护设备有主配电屏、应急配电屏、发电机保护设备和电网保护设备等。

【实训目的】

通过完成船舶电站管理实训，了解船舶电站的组成，掌握船舶电站管理及基本操作方法。

【实训方法】

本实训主要按照该实训任务和指导教师的要求，完成实训内容。在实训过程中，学生在教师指导下完成分组。利用全任务轮机模拟器实训室船舶电站设备和实船设备进行实际任务操作，完成进行船舶供电操作及发电机并车解列操作等实训任务。

【考核方式】

模拟设备操作；实船现场操作

根据指导教师的讲解，通过全任务轮机模拟器实训室船舶电站设备的使用，请解决以下问题：

1. 一个完整的船舶电站由哪四部分组成？它们的功能分别是什么？

2. 通过下图的识读，回答问题。

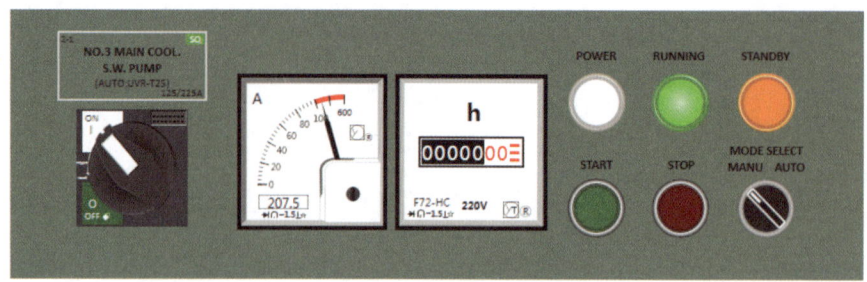

该图模块处于船舶电站中的哪个位置，它的实际作用是什么？

通过该图的状态和数据分析有哪些问题？有可能是何种原因造成？你该如何处理？

3. 认真对下图做状态分析,回答以下问题。

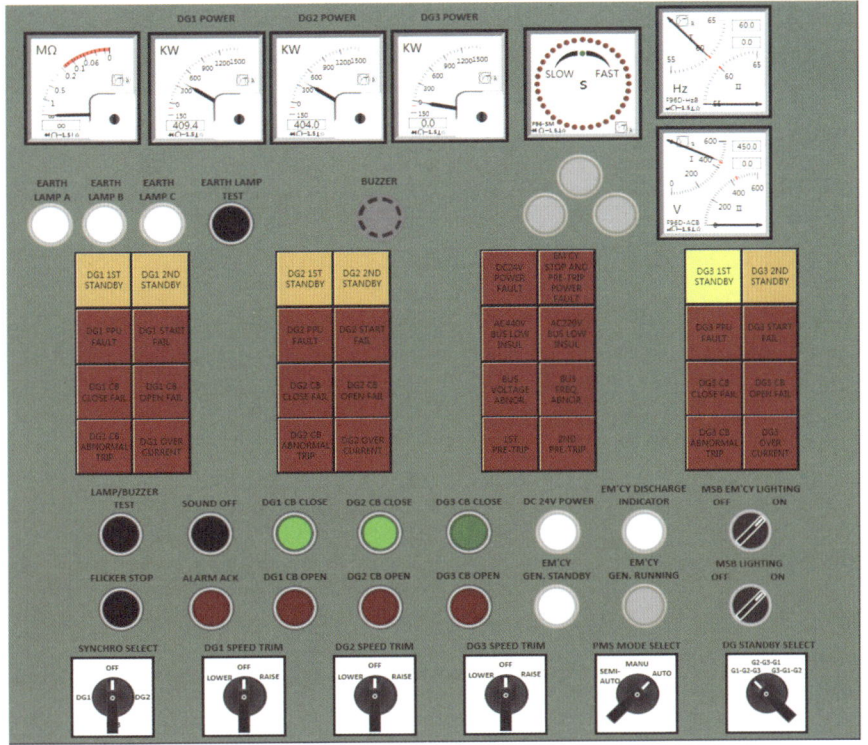

该操作面板的作用是:_____

对该操作面板此刻的状态及参数做详细分析：_____

4. 若此刻 1#功率表指在 600 位置，2#功率表指在 400 位置，你该做哪些操作？请详细说明。

5. 请写出我校实习船并车操作的详细步骤。

第三部分 动力系统

实训任务一：空气系统准备及运行管理

压缩空气管系是由空气压缩机、减压阀、分离器、空气瓶及各种阀件和管系组成，它利用空气压缩机将大气压缩至所需的压力，贮存于空气瓶中，以备使用。当空气被压缩至一定压力后即成为有做功能力的工质，鉴于它具备独特的技术性能，舰船中许多机械设备采用压缩空气作为能源，例如用它来起动发动机、吹除通海阀、油渣柜和用作汽笛、风动工具、鱼雷发射、潜艇下潜上浮的能源，还可作为自动控制和自动调节等的能源以及海上航行补给系统中燃油补给后的吹除残油等。

压缩空气用于不同的场合，它的使用压力范围也是不同的，见下表：

名 称	最高起动空气压力 (kgf/cm^2)	最低起动空气压力 (kgf/cm^2)
大型低速柴油机	25～30	7～10
中速柴油机	45～60	20～25
高速柴油机	90～150	60～75

其他用途压缩空气使用压力范围

名 称	使用压力范围 (kgf/cm^2)	名 称	使用压力范围 (kgf/cm^2)
通海阀、油渣柜吹除	2～3	汽笛	10～20
海、淡水压力柜充气	3～4	自动控制、自动调节器	10～15
风动机械等	6～10	武器发射等	150～235

【实训目的】

通过完成空气系统准备及运行管理实训，了解船舶空气系统的基本组成，掌握准备空气系统的操作及管理方法。

【实训方法】

本实训主要按照该实训任务和指导教师的要求，完成实训内容。在实训过程中，学生在教师指导下完成分组。利用虚拟仿真实训软件和实船设备进行实际任务操作，完成空气系统准备及管理等实训任务。

【考核方式】

虚拟仿真软件操作；实船调研操作

根据指导教师的讲解，通过虚拟仿真实训软件和实船设备的调研，请解决以下问题：

1. 认真分析下图，并结合该系统图完成下述问题：

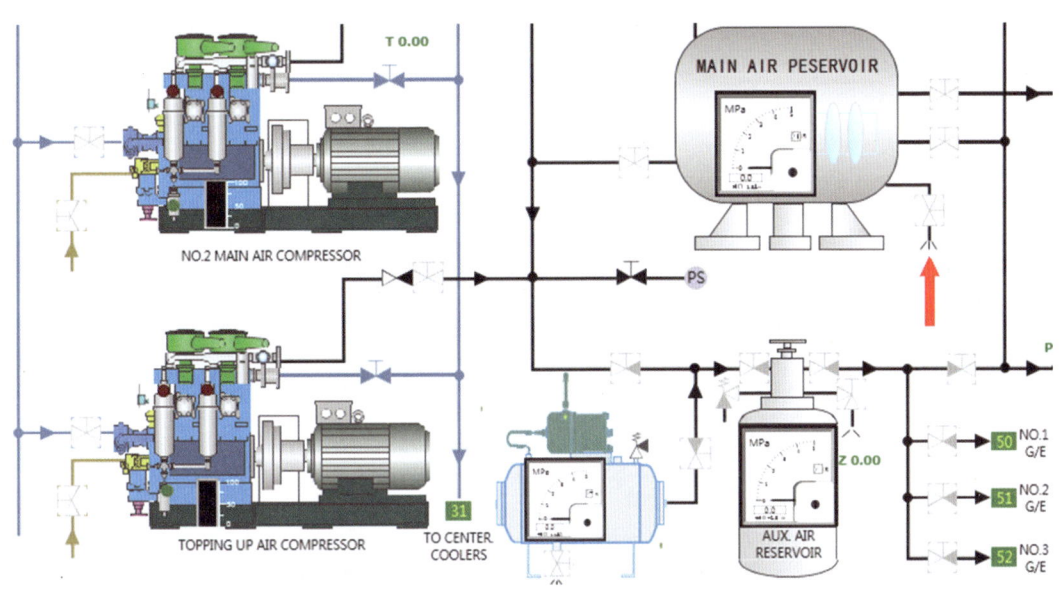

该系统图中的储存气设备分别是，它们各自为什么设备服务？_____

_____

_____

_____

_____

图中红色箭头所指为何物？它在空气系统管理中的意义是什么？该如何操作？

请对船用空气压缩机维护保养及运行管理要点作出总结：

2. 下图所示为什么？请写出为该设备设置自动控制状态的详细步骤。

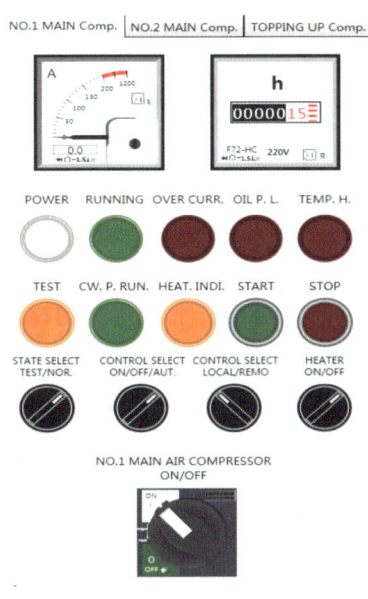

3. 请结合下图分析，当压缩空气系统准备完毕并转换为自动状态后，哪几个阀的开启是锅炉能够正常工作的必要条件？

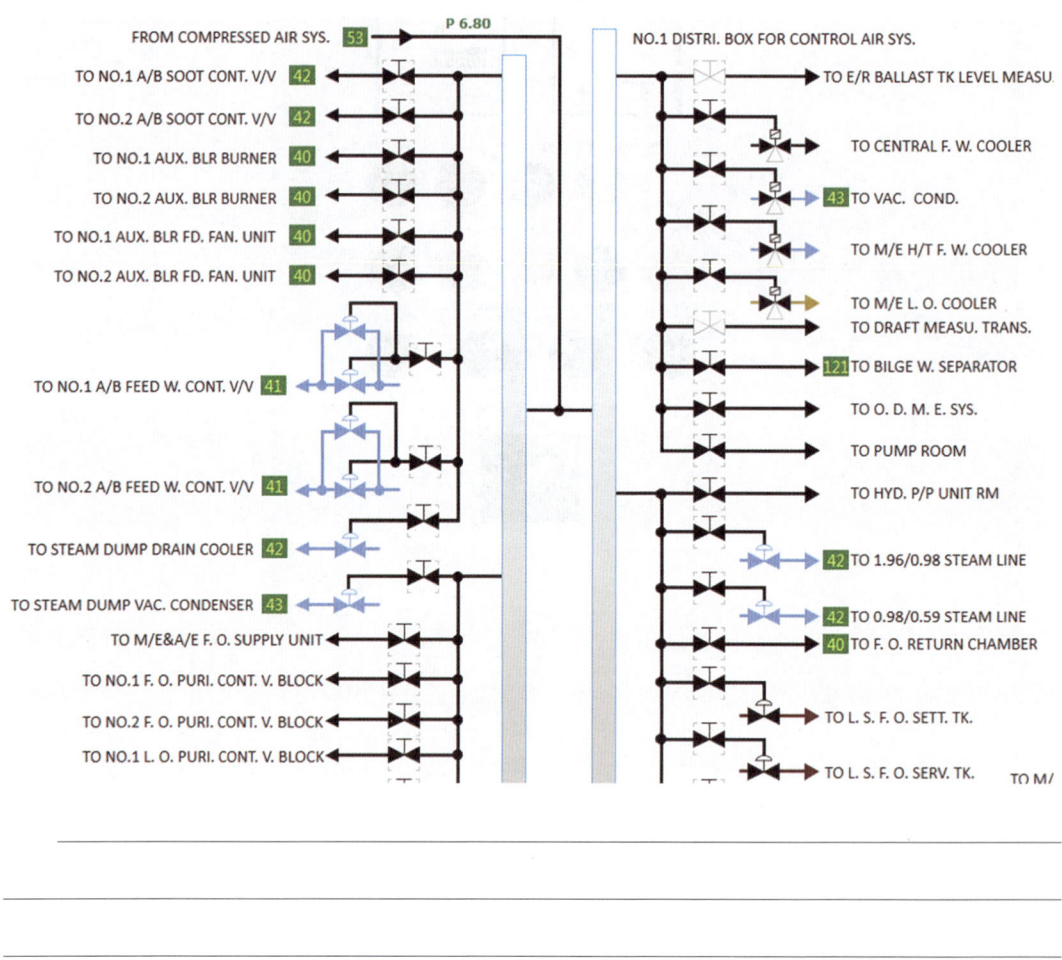

实训任务二：燃油系统准备及运行管理

船舶燃油系统是通过管道和燃油输送泵为船舶各种设备提供燃油的管系。系统主要由燃油舱、沉淀柜、日用柜、驳运泵、调驳阀箱、分油机、粗细滤器、低压输送泵、加热设备及有关的管路和阀件等组成，其主要任务是向主机、副机及锅炉提供数量足够和质量可靠的燃油，以保证船舶能够正常航行。

【实训目的】

通过完成燃油系统准备及运行管理实训，了解船舶燃油系统的基本组成，掌握准备燃油系统的操作及运行管理方法。

【实训方法】

本实训主要按照该实训任务和指导教师的要求，完成实训内容。在实训过程中，学生在教师指导下完成分组。利用虚拟仿真实训软件和实船设备进行实际任务操作，完成船舶燃油系统准备及运行管理等实训任务。

【考核方式】

虚拟仿真软件操作；实船调研操作

根据指导教师的讲解，通过虚拟仿真实训软件和实船设备的调研，请解决以下问题：

1. 认真分析以下系统图完成下列问题。

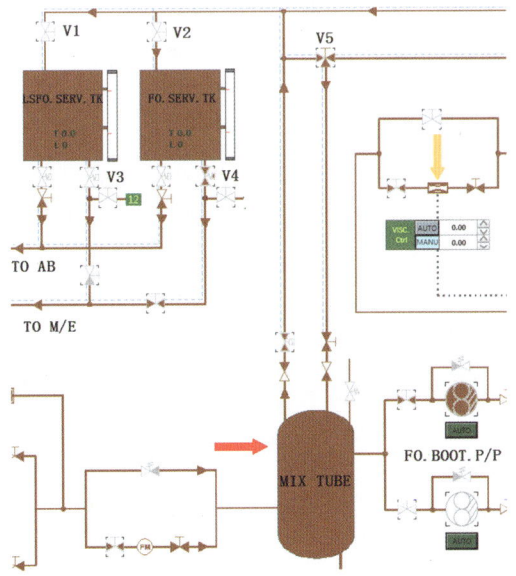

该系统图中红色箭头所指为何设备？它的作用是：_____

该系统图中黄色箭头所指为何设备？它的作用是：

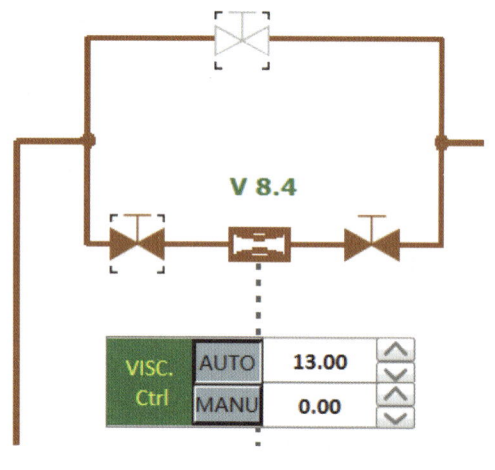

该系统此刻所使用的燃油由哪个柜子提供，若该船进入低硫燃油限制区域你该如何操作？在整个操作和运行的过程中你该注意些什么问题？请写出详细步骤：_____

2. 认真分析下列系统图，写出为备妥 2# 发电机燃油所必须的详细操作步骤。

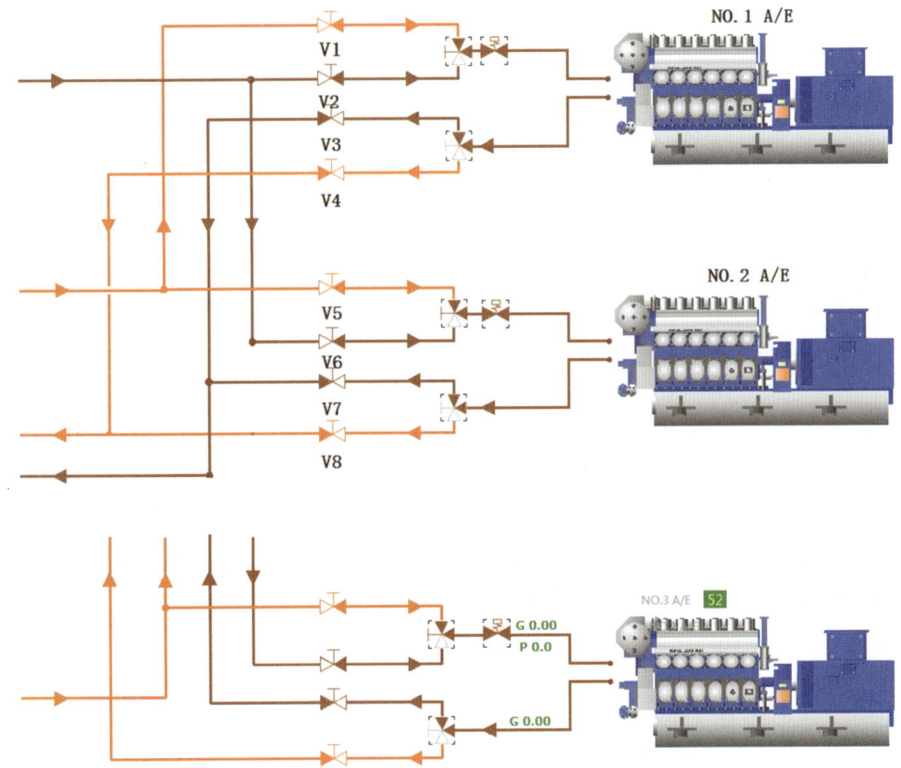

3. 经过实船现场调研,写出该船进行燃油驳运至进入主机以及换油的详细流程和步骤。

实训任务三：冷却系统准备及运行管理

柴油机动力装置中一些机械设备在正常运行中不断产生热量，这些热量必须及时散发，否则发热件温度将继续上升，以致超过容许的限度而破坏机械设备的工作可靠性。如柴油机气缸内燃烧产生的热量除了对外做功外，其中一部分热量将传到机器的部件上，若不给予适当的冷却，这些部件将因温度过高而不能继续工作。为了及时而有效地散发这些热量，通常就要让一定量的液体连续流经受热部件，把这些热量带出设备。冷却系统一般采用淡水或海水（或江河水）作为冷却介质。

冷却系统带走的热量有很大一部分是燃料燃烧做功后所剩余的热量，一般约占燃烧热量的20%~30%。由于柴油机是一种热机，是依靠燃料燃烧的热量来做功的，所以冷却系统带走的热量是一种损失。很显然，冷却越强烈，这部分的损失越大，就越明显地降低柴油机的经济性。另一方面，由于受热部件的温度很高，如气缸内壁的平均温度可达200℃~300℃，与冷却水接触的表面温度又较低，因此在这样的温差下易产生热应力。温差过大，部件就会产生裂纹。

所以柴油机对冷却过程是有严格要求的。冷却系统的作用就是对柴油机进行强制冷却，将各受热部件的温度控制在允许范围内；另一方面又要保持恰当的冷却水温度和采用合适的冷却介质，以保证其正常可靠地工作。

冷却水系统的基本形式：

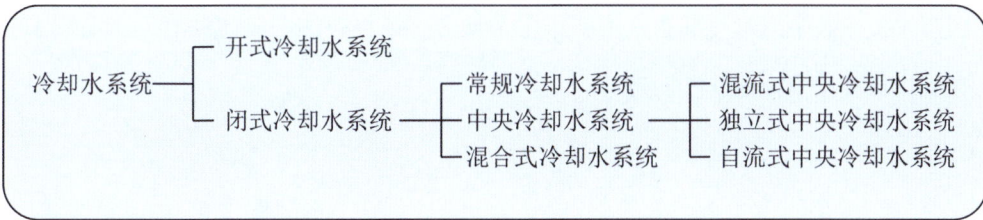

【实训目的】

通过完成冷却系统准备及运行管理实训，了解船舶冷却系统的基本组成，掌握准备冷却系统的操作及运行管理方法。

【实训方法】

本实训主要按照该实训任务和指导教师的要求，完成实训内容。在实训过程中，学生在教师指导下完成分组。利用虚拟仿真实训软件和实船设备进行实际任务操作，完成船舶海水、淡水冷却系统的准备及运行管理等实训任务。

【考核方式】

虚拟仿真软件操作；实船调研操作

根据指导教师的讲解，通过虚拟仿真实训软件和实船设备的调研，请解决以下问题。

1. 下图为船舶海水冷却系统局部图，请对该图进行分析并回答以下问题：

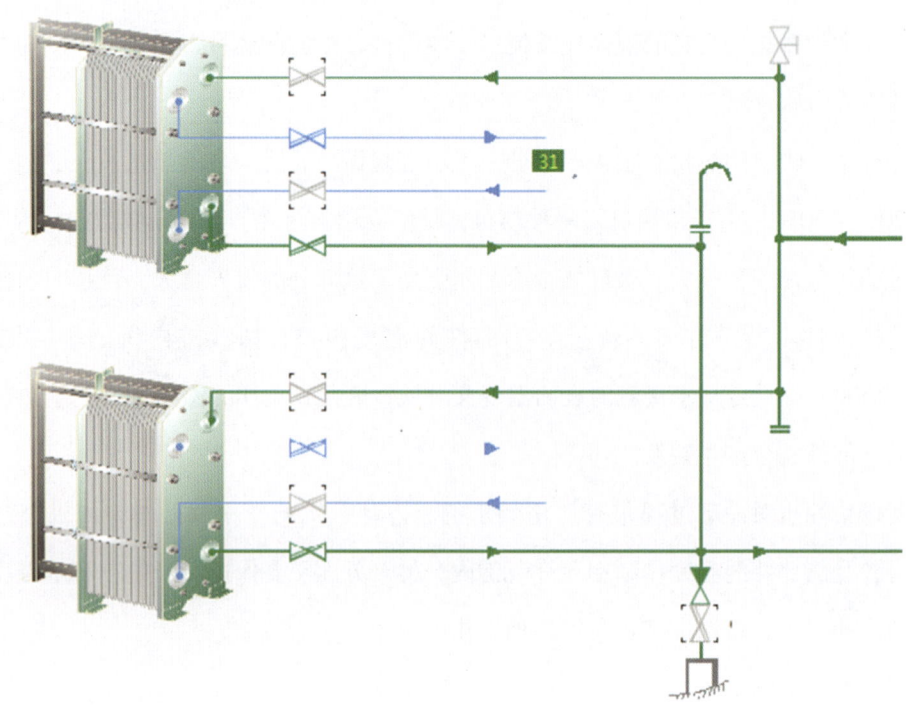

图中设备在整个海水冷却系统中的作用是什么？该设备的型制比起管壳式有哪些优缺点？在维护保养中要注意哪些问题？

_____
_____
_____
_____
_____
_____

航行值班期间，海水冷却系统的维护注意哪些问题？

2. 下图系统为何种形式的冷却系统？请结合该系统图解释该冷却系统的工作流程。

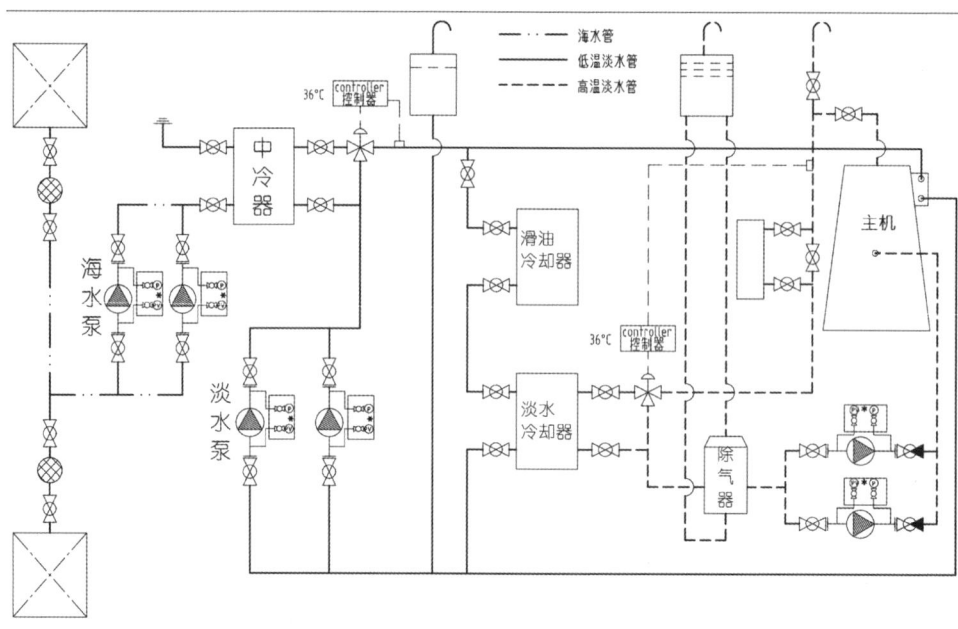

_____
_____
_____
_____
_____
_____
_____

3. 请在下列表格中补全两种冷却系统的优缺点：

	常规冷却水系统	中央冷却水系统
优点	1. 主机仅需置两套冷却水泵：海水冷却泵和缸套水冷却泵； 2. 3.	1. 用海水冷却的冷却器仅需一套（一只或两只）； 2. 3. 4.
缺点	1. 所有冷却器均用海水冷却，因而维修量大； 2. 3.	1. 初投资高； 2. 3. 4.

· 28 ·

4. 请结合实船调研，在下图中标出开式循环、闭循环的流程并以逻辑线条绘制海水冷却水泵单元的连接形式，分析各个冷却设备的冷却流程。

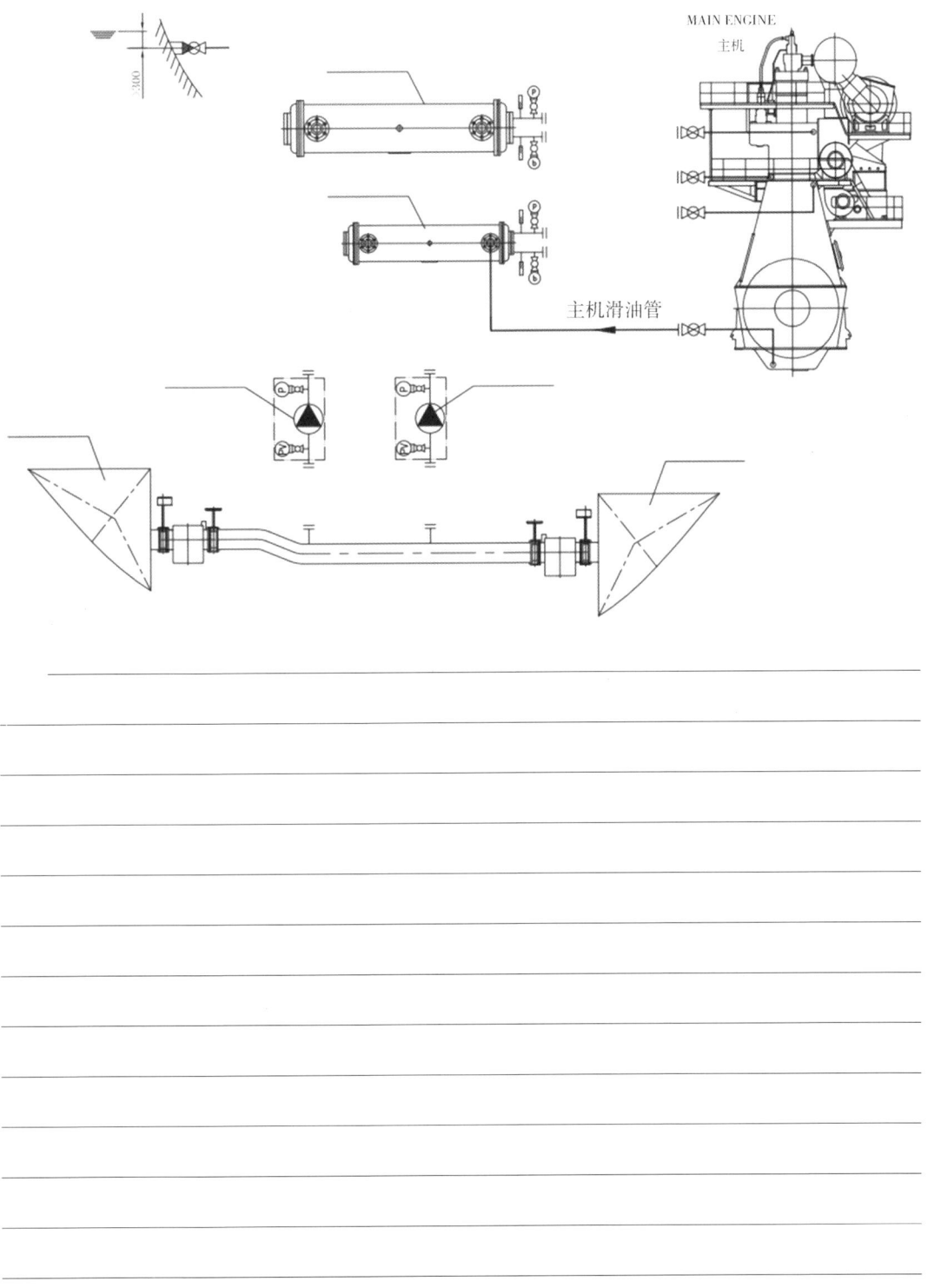

实训任务四：滑油系统准备及运行管理

船舶滑油系统是保障主机安全稳定运行的必要辅助系统。船舶动力设备运行时，由于其运动部件（活塞、十字头、滑块、轴系等）在轴承、气缸、导板上转动和滑动时，各接触表面之间要发生摩擦，如果两金属表面直接接触，会发生干摩擦，那么部件将急剧磨损以至于金属表面发热甚至咬死烧融，机械设备将遭到损坏。船舶滑油系统的功用就是对船舶动力设备供应足够的、合乎质量要求的滑油，使干摩擦变为液体润滑下的摩擦，大大减轻部件的磨损。

船舶滑油系统主要由滑油舱、滑油滤器、滑油输送泵、滑油输送管路、控制阀门、主机机带泵组成。

【实训目的】

通过完成滑油系统准备及运行管理实训，了解船舶滑油系统的基本组成，掌握滑油系统准备的操作及运行管理方法。

【实训方法】

本实训主要按照该实训任务和指导教师的要求，完成实训内容。在实训过程中，学生在教师指导下完成分组。利用虚拟仿真实训软件和实船设备进行实际任务操作，完成船舶滑油系统准备及运行管理等实训任务。

【考核方式】

虚拟仿真软件操作；实船调研操作

根据指导教师的讲解，通过虚拟仿真实训软件和实船设备的调研，请解决以下问题：

1. 滑油系统主要包括三个系统，分别是滑油日用系统、滑油输送及分离系统与滑油泄放系统。这三个系统互相联系、互为补充。请详细描述滑油的整个输送、分离、泄放流程。

2. 对下面滑油系统图进行分析并回答下列问题。

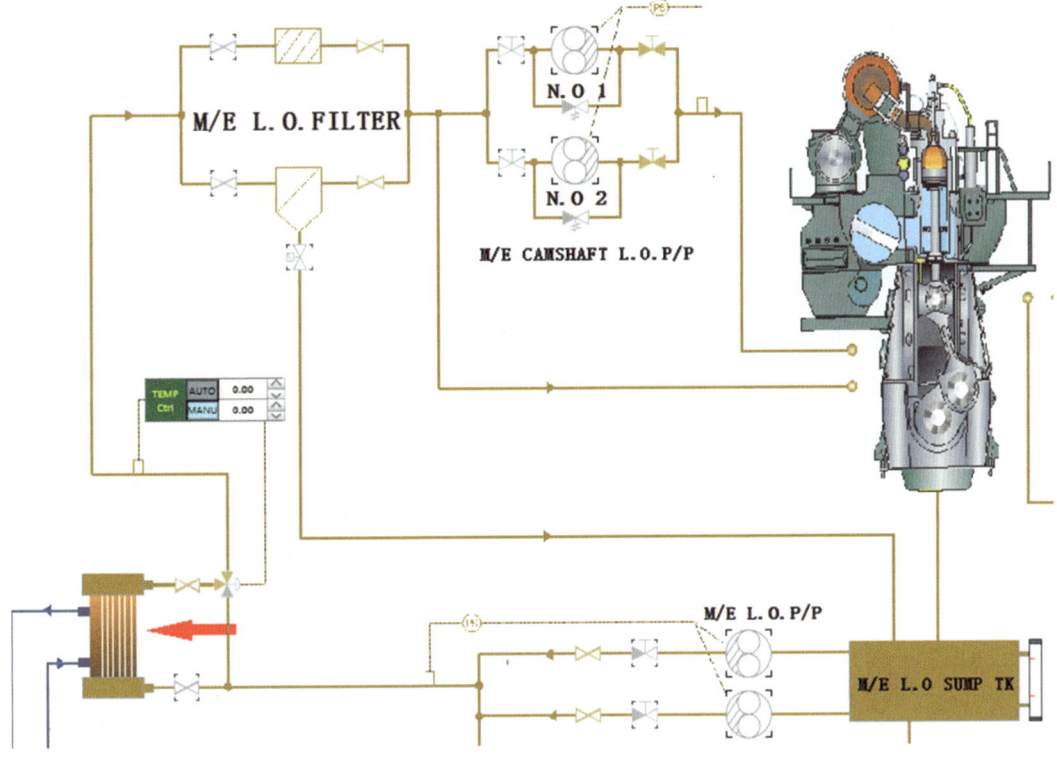

图中红色箭头所指设备为：_____，它对整个滑油系统的调节原理和流程是：_____

3. 请以下图为依据，结合图中标注出的阀号写出图中装置对滑油的净化流程。

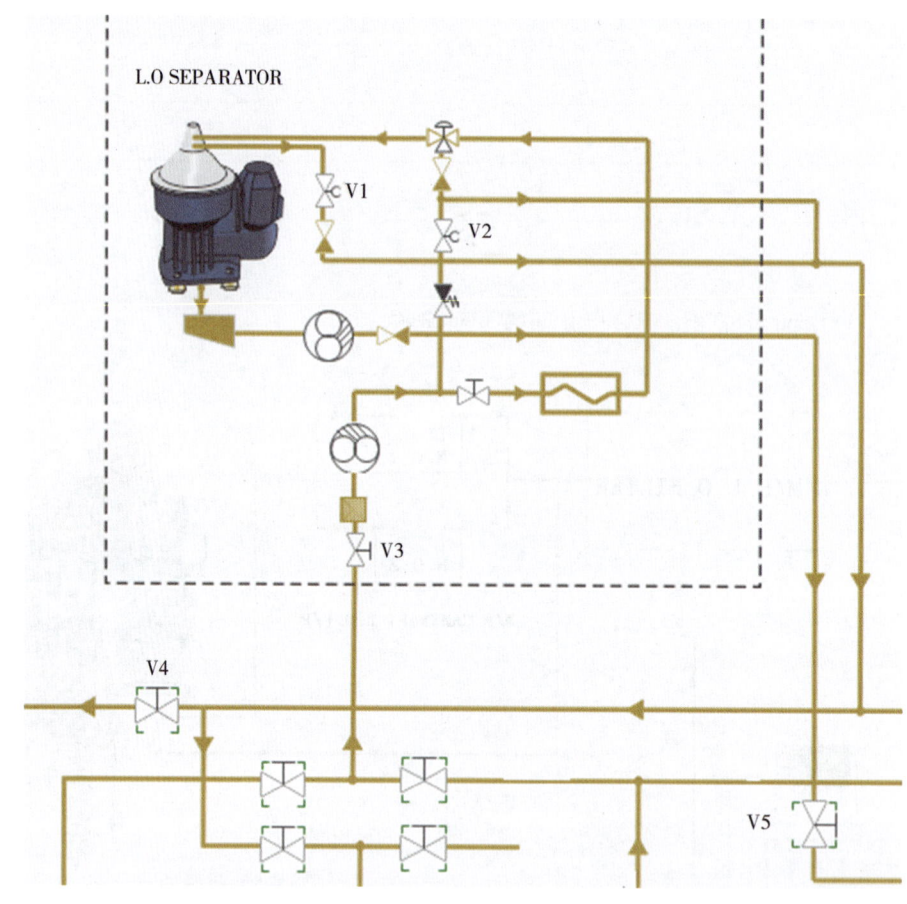

第四部分　船舶系统

实训任务一：压载水系统使用及运行管理

船舶在营运中，需要根据具体情况调整吃水、稳性、横倾和纵倾，这一任务可借助压载系统，通过改变各压载水舱中的水量来完成。因此，压载系统既可将舷外水注入（泵入或自流入）各压载水舱，又可将各压载水舱的水排至舷外，还可以实现各压载水舱间相互调驳。

对船舶进行压载和去载将起到以下作用：

1. 使船舶在横向保持平衡，在纵向有合乎要求的吃水差；
2. 使船舶具有适当的排水量和重心高度，以获得高的螺旋桨效率和合适的稳性；
3. 减小船体变形，避免产生过大的弯曲力矩和剪应力；
4. 减轻船体和轴系的振动。

根据船舶用途、结构和吨位的不同，压载水舱的位置、大小和数量也不完全相同。在货船上，一般把首尖舱、尾尖舱、双层底舱等作为压载舱，还有的加设上、下边舱和深舱为压载水舱，少数船上还设有专门用来调节稳性的上稳性舱和下稳性舱，油船上设有专用压载水舱。压载泵、阀箱和压载管路共同构成压载系统。

【实训目的】

通过完成压载水系统使用及运行管理实训，了解船舶压载水系统的基本组成，掌握准备压载水系统的操作及使用管理方法。

【实训方法】

本实训主要按照该实训任务和指导教师的要求，完成实训内容。在实训过程中，学生在教师指导下完成分组。利用虚拟仿真实训软件和实船设备进行实际任务操作，完成船舶压载水系统的准备及使用管理等实训任务。

【考核方式】

虚拟仿真软件操作；实船调研操作

根据指导教师的讲解，通过虚拟仿真实训软件和实船设备的调研，请解决以下问题：

1. 请以下图为依据，详细写出该压载泵启动运行的详细步骤以及管理注意事项。

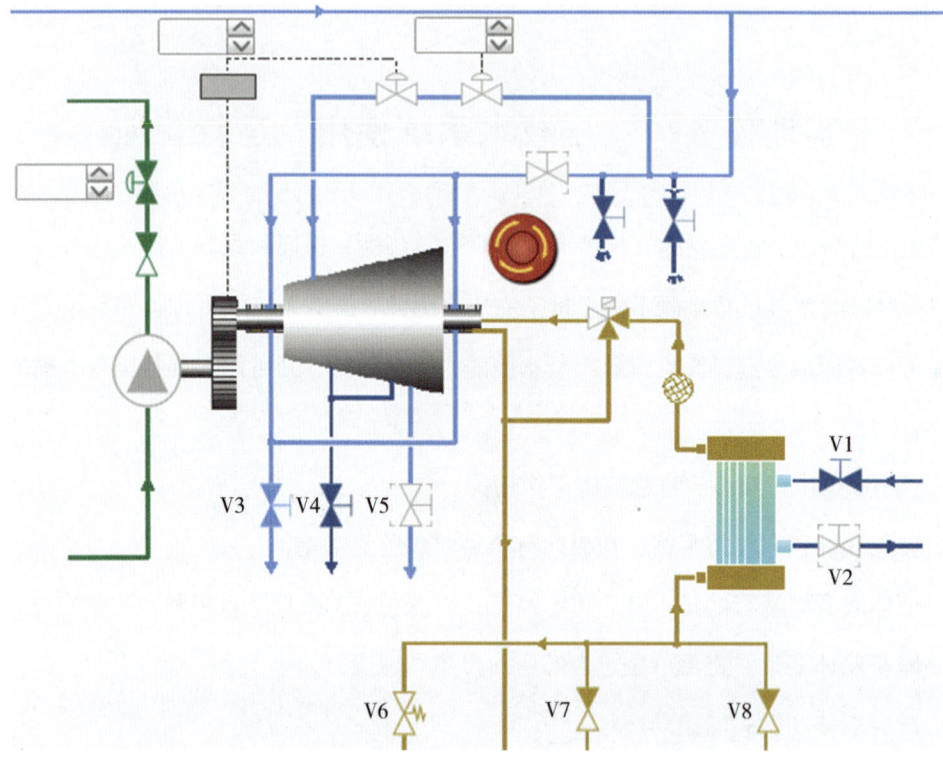

2. 下图为某轮的压载水系统图，认真观察下图回答下列问题。

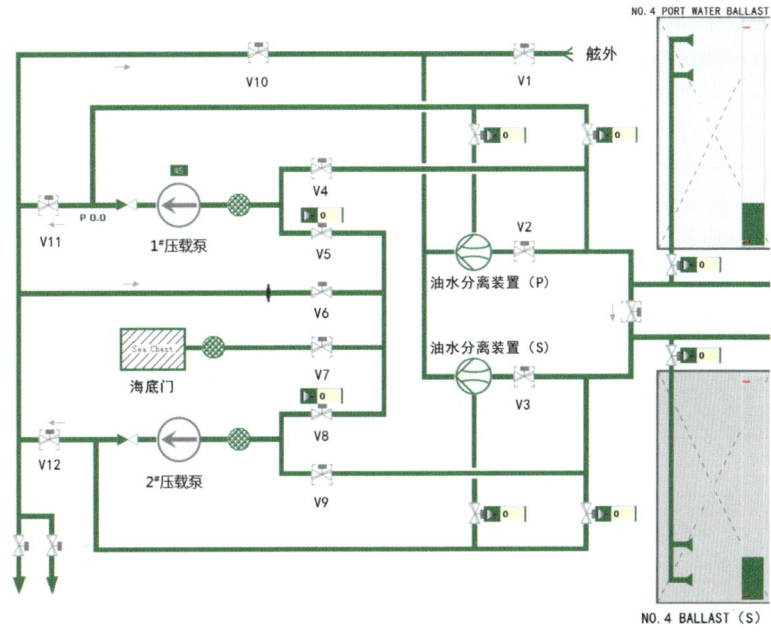

若该船 TANK NO.4 PORT WATER BALLAST 需要排空压载水，你该如何操作？请写出详细步骤：

该船从中国上海港出发，目的港为休斯顿，请问在航行至目的港前，需要注意什么问题？你是如何操作的？请写出详细过程：

实训任务二：生活污水系统使用及运行管理

船舶产生的污水主要包括船舶生活污水（黑水）、灰水以及船舶油污水。按照公约附则 VI 的定义，船舶生活污水主要是指：任何型式的厕所和小便池的排出物及其他废弃物；医务室（药房、病房等）的洗手池、洗澡盆和这些处所排水孔的排出物；装有活着的动物处所的排出物；混有上述定义的排出物的其他废水，船舶生活污水也常称为"黑水"；而灰水是指除黑水以外的船上产生的其他污水，主要是来自厨房、洗衣房以及盥洗室等处的废水和废物；船舶油污水主要包括船舶正常操作过程中产生的含油压载水、含油洗舱水和机舱水。

目前公约要求处理的船舶生活污水主要是"黑水"。虽然对盥洗、厨房及洗衣所等排放的"灰水"没有给出处理要求，但当和"黑水"混合排放时必须进行处理。另外，一些国家和地区为保护当地水域环境质量，独自制定了更加严格的船舶生活污水排放标准，比如 IMO 要求的 BOD_5、SS 和大肠杆菌的排放指标分别为 50mg/l，50mg/l 和 250 个/100ml；美国阿拉斯加海域法规要求的排放指标分别为 20mg/l，25mg/l 和 100 个/100ml。有些地区要求黑水和灰水都要处理，甚至禁止排放任何形式的船舶生活污水在一些特殊和敏感水体，比如自然保护区、水源地和珍稀鱼类栖息地等。

【实训目的】

通过完成生活污水系统实训，了解生活污水系统的基本组成，掌握生活污水系统准备的操作及运行管理方法。

【实训方法】

本实训主要按照该实训任务和指导教师的要求，完成实训内容。在实训过程中，学生在教师指导下完成分组。利用虚拟仿真实训软件和实船设备进行实际任务操作，完成生活污水系统准备及运行管理等实训任务。

【考核方式】

虚拟仿真软件操作；实船调研操作

根据指导教师的讲解，通过虚拟仿真实训软件和实船设备的调研，请解决以下问题：

1. 下图为某轮的生活污水系统图，认真观察下图回答下列问题。

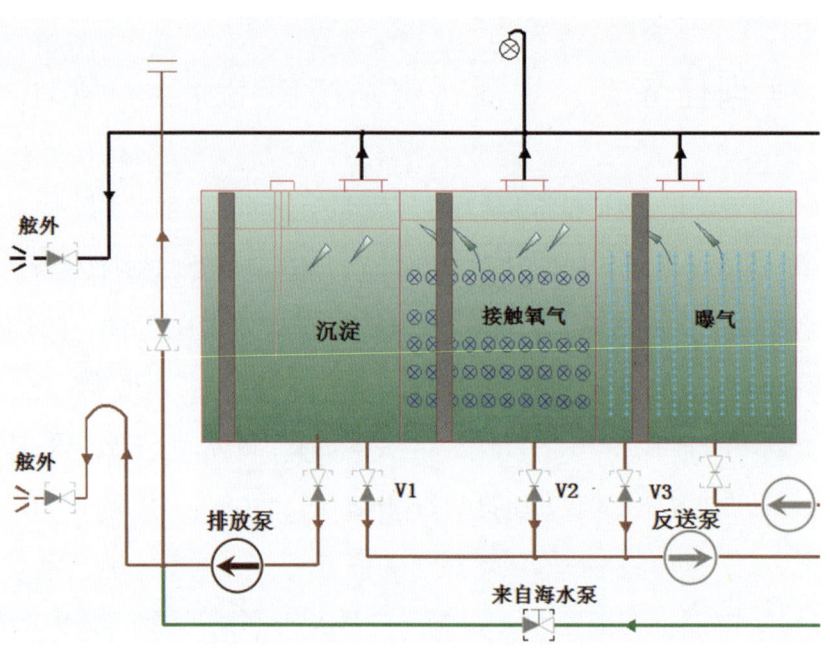

船舶生活污水的排放标准是什么？

请详细说明该图中对生活污水的处理原理及运转过程：

2. 生活污水处理装置的日常管理要点有哪些？某船出现生活污水处理装置不能正常自动排污，导致污水溢出，试分析故障原因并说明你的处理办法。

经过实船调研，请写出该船生活污水处理装置由谁负责？主管轮机员是如何对该设备进行保养的？

实训任务三：日用水系统使用及运行管理

日用水系统的作用是满足船员和旅客日常生活用水的需要，可分为饮水系统、洗涤水系统和卫生水系统。

饮水系统主要供应炊事用水、饮用水和医疗用水等。洗涤水系统主要供应浴室、洗衣室、洗物池和洗脸盆等处的冷热洗涤水。卫生水系统从弦外吸取海水或江水供应厕所、洗脸间和浴室等处的冲洗用。

在人员不多或短航行的小型船舶上，用水量不大，为减少设备和简化管理，饮用水和洗涤水都取自城市供应的自来水，因此由一个系统供应。大型客船用水量大，为了保证饮用水的供应，则将饮水系统单独分开。对于海船，特别是远洋船舶，由于海上航行持续时间很长，为了避免清水长时间贮存而变质，同时减少淡水的装载量，一般专门设置海水淡化装置制造淡水，以供饮用。船舶航行时，除船员和旅客生活需要大量的淡水外，柴油机淡水冷却管路中淡水的泄露、辅助锅炉蒸汽凝水管路的泄露等，也需要及时给予补充。

【实训目的】

通过完成日用水系统使用及运行管理实训，了解船舶日用水系统的基本组成，掌握日用水的操作及运行管理方法。

【实训方法】

本实训主要按照该实训任务和指导教师的要求，完成实训内容。在实训过程中，学生在教师指导下完成分组。利用虚拟仿真实训软件和实船设备进行实际任务操作，完成船舶日用水系统使用及运行管理等实训任务。

【考核方式】

虚拟仿真软件操作；实船调研操作

根据指导教师的讲解，通过虚拟仿真实训软件和实船设备的调研，请解决以下问题：

1. 下图中各按钮的作用是什么？请写出使压力水柜投入正常使用的详细操作步骤。

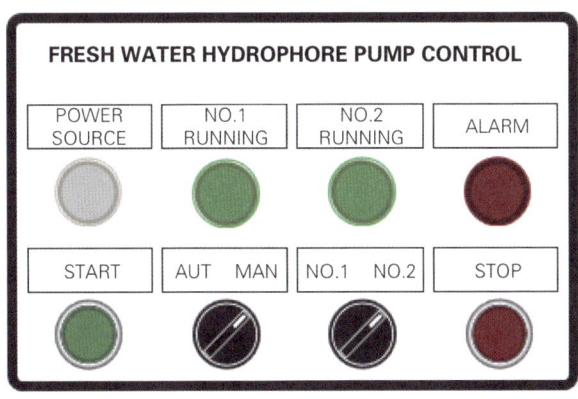

2. 某轮出现生活压力水柜给水泵启动频繁、船员房间水压不稳定现象，试依据下图分析故障原因以及解决办法。

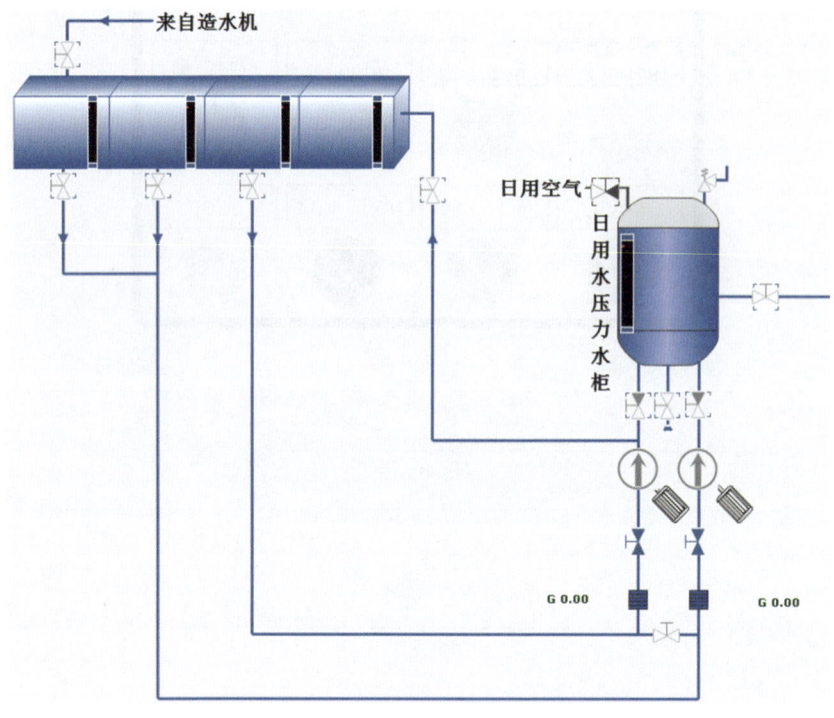

3. 经过实船调研,请写出日用水系统使用及运行管理的注意事项及要点。

第五部分　航行中机舱值班

实训任务一：机舱设备运行参数

【实训目的】

通过完成机舱设备运行参数实训，初步掌握船舶机舱巡视的一般线路及设备的一般参数，为船舶实习打下基础。

【实训方法】

本实训主要按照该实训任务和指导教师的要求，完成实训内容。在实训过程中，学生在教师指导下完成分组。利用虚拟仿真实训软件和实船设备进行巡视及参数记录等操作，完成机舱设备运行参数实训任务。

【考核方式】

虚拟仿真软件操作；实船巡视及抄表操作

根据指导教师的讲解，通过虚拟仿真实训软件和实船设备的调研，请解决以下问题：

1. 根据实船条件，拟定一条科学的机舱巡视线路。

_____
_____
_____
_____
_____
_____
_____

2. 请以调研实船为母船，记录并完成下面的轮机日志参数记录。

轮机日志摘抄
ABSTRCT OF ENGINE LOG BOOK

M.V.　　　　　　　　From　　　　　　　　To

DATA	TURBO-BLOWERS RPM	PRESSURE KG/CM²								TEMPERATURES °C												AUX. HOURS				
		SCAV. AIR	LUB. OIL					FUEL INLET	SCAV. AIR			JACKET			S.W.	EXHAUST GASES						TURBOS		DOMESTIC MEAT RM.	OIL FIRED BOILER	PUR.S	POWER ON DECK	AIRCON PLANT
		AT COOLER BELT	FILTERS		MAIN BRG.	THRUST BRG.			AFTER COOLERS		AT BELT	INLET MAIN	OUTLETS			CYLINDER OUTLETS										L.O. F.O		
			IN	OUT					1	2			HIGH	LOW		1	2	3	4	5	6	IN	OUT					

实训任务二：运行中的应急处理

船舶经常在复杂的海况和恶劣的气候下航行，主柴油机一旦运行失常，将使船舶失去控制，可能造成十分严重的后果。因此，加强对船舶柴油机的科学管理，学习在紧急情况下和柴油机故障时的应急处理及安全措施是非常重要的。

【实训目的】

通过完成运行中应急处理实训，掌握紧急情况下和柴油机故障时的应急处理及安全措施。

【实训方法】

本实训主要按照该实训任务和指导教师的要求，完成实训内容。在实训过程中，学生在教师指导下完成分组。进行应急处理的情景模拟和典型故障的排除。

【考核方式】

情景演习，故障排除

根据指导教师的讲解和模拟软件的故障排除，请分析以下案例：

案例：

某船在航行途中，大管轮发现主机转速突然间自动降低，主机报警系统发出排气高温报警，增压器有喘振声。大管轮立即将情况报告轮机长，并立即采取降速检查的紧急措施。检查中发现五号缸扫气箱道门温度过高，扫气箱本体过热，外部油漆已有变色，打开该缸扫气箱放残阀后有烟雾和火花冒出。大管轮及轮机长判断为扫气箱着火，便切断了五号缸的燃油供给，同时加大了该缸的气缸油注油量，并在与驾驶台协商后进一步降低主机转速，微速航行。之后，轮机长决定首先用高温热水喷淋扫气箱外壁以降低其表面温度，之后开启蒸汽阀用蒸汽灭火，经上述处理之后，火被扑灭。

为彻底查明原因，避免再次发生类似事故，轮机长将情况报告船长后进行了停车检修。

请对上述案例做出事故分析：

第六部分　实训总结

实训工作总结

1. 实训过程小结。

2. 实训过程中发现的问题。

3. 通过实训想到的一些合理化建议。

实训成绩评定

本次实训的成绩依据 5 个分项综合评定，具体如下：

评定项目	项目比例（分）	实训项目得分（分）	最终成绩
1. 实训纪律	20		
2. 实训操作表现	40		
3. 团队协作表现	5		
4. 实训报告完成情况	30		
5. 创新性观点	5		
合　计	100		

学生实训成绩最后成绩评定标准：

1. 90 分以上：优；

2. 80~89 分：良；

3. 70~79 分：中；

4. 60~69 分：及格；

5. 60 分以下：不及格。

指导教师评语：